保障中小企业款项支付条例

中国法制出版社

目　　录

中华人民共和国国务院令

第 728 号

《保障中小企业款项支付条例》已经 2020 年 7 月 1 日国务院第 99 次常务会议通过，现予公布，自 2020 年 9 月 1 日起施行。

总理　李克强

2020 年 7 月 5 日

保障中小企业款项支付条例

第一条 为了促进机关、事业单位和大型企业及时支付中小企业款项，维护中小企业合法权益，优化营商环境，根据《中华人民共和国中小企业促进法》等法律，制定本条例。

第二条 机关、事业单位和大型企业采购货物、工程、服务支付中小企业款项，应当遵守本条例。

第三条 本条例所称中小企业，是指在中华人民共和国境内依法设立，依据国务院批准的中小企业划分标准确定的中型企业、小型企业和微型企业；所称大型企业，是指中小企业以外的企业。

中小企业、大型企业依合同订立时的企业规模类型确定。中小企业与机关、事业单位、大型企业订立合同时，应当主动告知其属于中小企业。

第四条 国务院负责中小企业促进工作综合管

理的部门对机关、事业单位和大型企业及时支付中小企业款项工作进行宏观指导、综合协调、监督检查；国务院有关部门在各自职责范围内，负责相关管理工作。

县级以上地方人民政府负责本行政区域内机关、事业单位和大型企业及时支付中小企业款项的管理工作。

第五条 有关行业协会商会应当按照法律法规和组织章程，完善行业自律，禁止本行业大型企业利用优势地位拒绝或者迟延支付中小企业款项，规范引导其履行及时支付中小企业款项义务，保护中小企业合法权益。

第六条 机关、事业单位和大型企业不得要求中小企业接受不合理的付款期限、方式、条件和违约责任等交易条件，不得违约拖欠中小企业的货物、工程、服务款项。

中小企业应当依法经营，诚实守信，按照合同约定提供合格的货物、工程和服务。

第七条 机关、事业单位使用财政资金从中小企业采购货物、工程、服务，应当严格按照批准的预算执行，不得无预算、超预算开展采购。

政府投资项目所需资金应当按照国家有关规定确保落实到位，不得由施工单位垫资建设。

第八条　机关、事业单位从中小企业采购货物、工程、服务，应当自货物、工程、服务交付之日起30日内支付款项；合同另有约定的，付款期限最长不得超过60日。

大型企业从中小企业采购货物、工程、服务，应当按照行业规范、交易习惯合理约定付款期限并及时支付款项。

合同约定采取履行进度结算、定期结算等结算方式的，付款期限应当自双方确认结算金额之日起算。

第九条　机关、事业单位和大型企业与中小企业约定以货物、工程、服务交付后经检验或者验收合格作为支付中小企业款项条件的，付款期限应当自检验或者验收合格之日起算。

合同双方应当在合同中约定明确、合理的检验或者验收期限，并在该期限内完成检验或者验收。机关、事业单位和大型企业拖延检验或者验收的，付款期限自约定的检验或者验收期限届满之日起算。

第十条 机关、事业单位和大型企业使用商业汇票等非现金支付方式支付中小企业款项的，应当在合同中作出明确、合理约定，不得强制中小企业接受商业汇票等非现金支付方式，不得利用商业汇票等非现金支付方式变相延长付款期限。

第十一条 机关、事业单位和国有大型企业不得强制要求以审计机关的审计结果作为结算依据，但合同另有约定或者法律、行政法规另有规定的除外。

第十二条 除依法设立的投标保证金、履约保证金、工程质量保证金、农民工工资保证金外，工程建设中不得收取其他保证金。保证金的收取比例应当符合国家有关规定。

机关、事业单位和大型企业不得将保证金限定为现金。中小企业以金融机构保函提供保证的，机关、事业单位和大型企业应当接受。

机关、事业单位和大型企业应当按照合同约定，在保证期限届满后及时与中小企业对收取的保证金进行核实和结算。

第十三条 机关、事业单位和大型企业不得以法定代表人或者主要负责人变更，履行内部付款流程，或者在合同未作约定的情况下以等待竣工验收批复、决算审计等为由，拒绝或者迟延支付中小企业款项。

第十四条 中小企业以应收账款担保融资的，机关、事业单位和大型企业应当自中小企业提出确权请求之日起30日内确认债权债务关系，支持中小企业融资。

第十五条 机关、事业单位和大型企业迟延支付中小企业款项的，应当支付逾期利息。双方对逾期利息的利率有约定的，约定利率不得低于合同订立时1年期贷款市场报价利率；未作约定的，按照每日利率万分之五支付逾期利息。

第十六条 机关、事业单位应当于每年3月31日前将上一年度逾期尚未支付中小企业款项的合同数量、金额等信息通过网站、报刊等便于公众知晓的方式公开。

大型企业应当将逾期尚未支付中小企业款项的合

同数量、金额等信息纳入企业年度报告，通过企业信用信息公示系统向社会公示。

第十七条 省级以上人民政府负责中小企业促进工作综合管理的部门应当建立便利畅通的渠道，受理对机关、事业单位和大型企业拒绝或者迟延支付中小企业款项的投诉。

受理投诉部门应当按照“属地管理、分级负责，谁主管谁负责”的原则，及时将投诉转交有关部门、地方人民政府处理，有关部门、地方人民政府应当依法及时处理，并将处理结果告知投诉人，同时反馈受理投诉部门。

机关、事业单位和大型企业不履行及时支付中小企业款项义务，情节严重的，受理投诉部门可以依法依规将其失信信息纳入全国信用信息共享平台，并将相关涉企信息通过企业信用信息公示系统向社会公示，依法实施失信惩戒。

第十八条 被投诉的机关、事业单位和大型企业及其工作人员不得以任何形式对投诉人进行恐吓、打击报复。

第十九条 对拒绝或者迟延支付中小企业款项的机关、事业单位，应当在公务消费、办公用房、经费安排等方面采取必要的限制措施。

第二十条 审计机关依法对机关、事业单位和国有大型企业支付中小企业款项情况实施审计监督。

第二十一条 省级以上人民政府建立督查制度，对及时支付中小企业款项工作进行监督检查。

第二十二条 国家依法开展中小企业发展环境评估和营商环境评价时，应当将及时支付中小企业款项工作情况纳入评估和评价内容。

第二十三条 国务院负责中小企业促进工作综合管理的部门依据国务院批准的中小企业划分标准，建立企业规模类型测试平台，提供中小企业规模类型自测服务。

对中小企业规模类型有争议的，可以向主张为中小企业一方所在地的县级以上地方人民政府负责中小企业促进工作综合管理的部门申请认定。

第二十四条 国家鼓励法律服务机构为与机关、事业单位和大型企业存在支付纠纷的中小企业提供法律服务。

新闻媒体应当开展对及时支付中小企业款项相关法律法规政策的公益宣传，依法加强对机关、事业单位和大型企业拒绝或者迟延支付中小企业款项行为的舆论监督。

第二十五条 机关、事业单位违反本条例，有下列情形之一的，由其上级机关、主管部门责令改正；拒不改正的，对直接负责的主管人员和其他直接责任人员依法给予处分：

（一）未在规定的期限内支付中小企业货物、工程、服务款项；

（二）拖延检验、验收；

（三）强制中小企业接受商业汇票等非现金支付方式，或者利用商业汇票等非现金支付方式变相延长付款期限；

（四）没有法律、行政法规依据或者合同约定，要求以审计机关的审计结果作为结算依据；

（五）违法收取保证金，拒绝接受中小企业提供的金融机构保函，或者不及时与中小企业对保证金进行核实、结算；

（六）以法定代表人或者主要负责人变更，履行内部付款流程，或者在合同未作约定的情况下以等待竣工验收批复、决算审计等为由，拒绝或者迟延支付中小企业款项；

（七）未按照规定公开逾期尚未支付中小企业款项信息；

（八）对投诉人进行恐吓、打击报复。

第二十六条 机关、事业单位有下列情形之一的，依照法律、行政法规和国家有关规定追究责任：

（一）使用财政资金从中小企业采购货物、工程、服务，未按照批准的预算执行；

（二）要求施工单位对政府投资项目垫资建设。

第二十七条 大型企业违反本条例，未按照规定在企业年度报告中公示逾期尚未支付中小企业款项信息或者隐瞒真实情况、弄虚作假的，由市场监督管理部门依法处理。

国有大型企业没有合同约定或者法律、行政法规依据，要求以审计机关的审计结果作为结算依据的，由其主管部门责令改正；拒不改正的，对直接负责的主管人员和其他直接责任人员依法给予处分。

第二十八条 部分或者全部使用财政资金的团体组织采购货物、工程、服务支付中小企业款项，参照本条例对机关、事业单位的有关规定执行。

军队采购货物、工程、服务支付中小企业款项，按照军队的有关规定执行。

第二十九条 本条例自 2020 年 9 月 1 日起施行。

司法部、工业和信息化部负责人就《保障中小企业款项支付条例》答记者问

2020年7月5日，国务院总理李克强签署第728号国务院令，公布《保障中小企业款项支付条例》（以下简称《条例》），自2020年9月1日起施行。日前，司法部、工业和信息化部负责人就《条例》有关问题回答了记者提问。

问：请简要介绍一下《条例》的制定背景。

答：近年来，拖欠中小企业款项问题较为突出。党中央、国务院高度重视，习近平总书记多次作出重要指示批示，强调建立长效机制解决拖欠中小企业款项问题，纠正一些政府部门、大企业利用优势地位以大欺小，拖欠中小企业款项的行为。李克强总理多

次批示要求抓好清理拖欠中小企业款项工作，有针对性地完善防范拖欠的长效机制。2018 年底以来，按照党中央、国务院的部署，国务院减轻企业负担部际联席会议办公室组织开展了清理拖欠民营企业中小企业账款工作，取得积极成效。为贯彻落实党中央、国务院决策部署，建立防范化解拖欠中小企业款项长效机制，进一步落实《中小企业促进法》关于国家机关、事业单位和大型企业不得违约拖欠中小企业的货物、工程、服务款项的规定，在总结清欠工作实践经验、广泛听取各方面意见，并研究借鉴一些国家（地区）相关法律制度的基础上，国务院制定了《条例》。

问：在当前形势下，出台《条例》有何意义？

答：中小企业是建设现代化经济体系、实现经济高质量发展的重要基础，是扩大就业、改善民生的重要支撑。拖欠中小企业款项，既影响中小企业发展，也损害政府公信力，破坏营商环境，影响经济社会稳定大局，必须完善法规制度，依法予以治理。《条例》从规范机关、事业单位和大型企业付款期限，明确检验验收要求、禁止变相拖欠、规范保证金收取和结算、公示拖欠款项信息、建立健全投诉和监督评价机制、明确迟延支付责任等方面作出规定，旨在依法保障中小企业款项得到及时支付，缓解中小企业资金压力，切实保护中小企业合法权益。《条例》出台有利于增强中小企业发展信心，促进复工复产，优化营商环境。

问：制定《条例》的总体思路是什么？

答：一是紧紧围绕保护中小企业合法权益、强化政府诚信和大型企业诚实守信、优化营商环境、切实增强中小企业的获得感，总结实践经验，将行之有效的政策措施法定化。二是坚持问题导向，针对社会各方面高度关注、反映强烈的突出问题，通过源头治理、适度监管引导、强化责任义务等措施，建立起市场主体自律、政府依法监管、社会协同监督的预防化解拖欠中小企业款项法规制度。三是坚持利益平衡原则。一方面，充分考虑中小企业在获取交易机会、资金周转、风险抵御等方面的弱势地位，在做好与现行民事、行政法律法规衔接的同时，对机关、事业单位和大型企业与中小企业的交易行为作出针对性规定，为各方当事人在实质平等的基础上开展交易提供法治保障；另一方面，尊重市场主体意思自治和合同自由，避免行政手段不当干预经济活动。

问：《条例》在规范合同订立及财政资金约束保障，加强账款支付源头治理方面有哪些规定？

答：《条例》主要从两个方面作了规定。一是规定机关、事业单位和大型企业不得要求中小企业接受不合理的付款期限、方式、条件和违约责任等交易条件，不得违约拖欠中小企业的货物、工程、服务款项。二是强化财政资金保障要求，与政府采购、政府投资有关法律法规相衔接，规定机关、事业单位使用财政资金从中小企业采购货物、工程、服务，应当严格按照批准的预算执行，不得无预算、超预算开展采购；政府投资项目所需资金应当按照国家有关规定确保落实到位，不得由施工单位垫资建设。

问：《条例》在规范支付行为方面有哪些规定？

答：《条例》主要从两个方面作了规定：一是规范付款期限。规定机关、事业单位从中小企业采购货物、工程、服务，应当自货物、工程、服务交付之日起30日内支付款项，合同另有约定的，付款期限最长不得超过60日；大型企业从中小企业采购货物、工程、服务，应当按照行业规范、交易习惯合理约定付款期限并及时支付款项；合同约定采取履行进度结算、定期结算等结算方式的，付款期限应当自双方确认结算金额之日起算。二是明确检验验收要求。针对实践中较为普遍存在的因不及时检验验收而拖欠中小企业账款的问题，规定机关、事业单位和大型企业与中小企业约定以检验或者验收合格作为支付款项条件的，付款期限应当自检验或者验收合格之日起算；合同双方应当在合同中约定明确、合理的检验或者验收期限，并在该期限内完成检验或者验收；拖延检验或者验收的，付款期限自约定的检验或者验收期限届满之日起算。

问：《条例》在防范账款拖欠方面有哪些规定？

答：《条例》主要从三个方面作了规定：一是禁止变相拖欠。规定机关、事业单位和大型企业使用商业汇票等非现金支付方式支付中小企业款项的，应当在合同中作出明确、合理约定，不得强制中小企业接受商业汇票等非现金支付方式，不得利用商业汇票等非现金支付方式变相延长付款期限；不得以法定代表人或者主要负责人变更，履行内部付款流程，或者在合同未作约定的情况下以等待竣工验收批复、决算审计等为由，拒绝或者迟延支付中小企业款项；除合同另有约定或者法律、行政法规另有规定外，机关、事业单位和国有大型企业不得强制要求以审计机关的审计结果作为结算依据。二是规范保证金收取和结算。规定除依法设立的投标保证金、履约保证金、工程质量保证金、农民工工资保证金外，工程建设中不得收取其他保证金，不得将保证金限定为现金；保证金收取比例应当符合国家有关规定；保证期限届满后，应当及时对保证金进行核实和结算。三是明确迟延支付责任。规定机关、事业单位和大型企业迟延支付中小企业款项的，应当按照合同约定和本条例规定的利率标准支付逾期利息。对拒绝或者迟延支付中小企业款项的机关、事业单位，应当在公务消费、办公用房、经费安排等方面采取必要的限制措施。

问：《条例》在加强信用监督和服务保障，维护中小企业合法权益和营造良好营商环境方面有哪些规定？

答：《条例》主要从三个方面作了规定：一是建立支付信息披露制度。要求机关、事业单位、大型企业在规定时限内将逾期尚未支付中小企业款项的合同数量、金额等信息向社会公开或者公示。二是建立投诉处理和失信惩戒制度。规定省级以上人民政府负责中小企业促进工作综合管理的部门应当建立便利畅通的渠道，受理拒绝或者迟延支付中小企业款项相关投诉，并及时作出相应处理；机关、事业单位和大型企业不履行及时支付中小企业款项义务，情节严重的，依法实施失信惩戒。三是建立监督评价机制。审计机关依法对机关、事业单位和国有大型企业支付中小企业款项情况实施审计监督；省级以上人民政府建立督查制度，对及时支付中小企业款项工作进行监督检查；国家依法开展中小企业发展环境评估和营商环境评价时，应当将及时支付中小企业款项工作情况纳入评估和评价内容。

保障中小企业款项支付条例

BAOZHANG ZHONGXIAO QIYE KUANXIANG ZHIFU TIAOLI

经销/新华书店

印刷/北京海纳百川印刷有限公司

开本/850 毫米×1168 毫米 32 开　　　　印张/0.75 字数/7 千

版次/2020 年 7 月第 1 版　　　　2020 年 10 月第 2 次印刷

中国法制出版社出版

书号 ISBN 978-7-5216-1204-2　　　　定价：4.00 元

北京西单横二条 2 号

邮政编码 100031　　　　传真：010-66031119

网址：http：//www.zgfzs.com　　　　**编辑部电话：010-66066621**

市场营销部电话：010-66033393　　　　**邮购部电话：010-66033288**

（如有印装质量问题，请与本社印务部联系调换。电话：010-66032926）